AF246904

Henri GUILLAUMOT

LA

MORALE RÉVOLUTIONNAIRE EN ACTION

OU

Choix de Faits mémorables & Anecdotes instructives
propres à faire aimer la Marianne,
à former le cœur des jeunes citoyens par l'exemple de toutes
les vertus civiques.

Prix : 50 centimes.

PARIS

BUREAUX DE LA GAZETTE FRANÇAISE

82, Rue Bonaparte, 82.

LA
GAZETTE FRANÇAISE

POLITIQUE ET LITTÉRAIRE

Directeur : HENRI GUILLAUMOT

Bureaux : 82, rue Bonaparte, Paris.

COLLABORATEURS :

Baron Ernouf, — E. d'Aguilhon, — E. Richebourg, — Ch. du Boishamon, — M. Gardot, — S. Loudier, — C. de Chandeneux, — Mis de Laincel, — Comte de Puy-maigre, — des Godins de Souhesmes, — Brunet de Boyer, — A. Roulleau, — J.-J. des Martets, — J. Mary, — Barbat de Bignicourt, — Edouard de Barthélemy, — J.-M. Villefranche, — A. Mias, — L. de la Rallaye, — A. Barbes, — H. Calhiat, — E. Robert, — F. de Collonges, — M. de Veyles, — H. Piron, — A. Clarin, — Victor Tissot, — B. de la Pervenchère, — C. Améro, — B. de Rosarmon, — Comte de Saint-Jean, — J. Cantrel, — Berthet, — L. d'Estampes, — G. Serph, etc.

Un an : France, **12** fr. — Europe, **15** fr.
— Hors d'Europe, **18** fr.

LA
MORALE RÉVOLUTIONNAIRE
EN ACTION

PAR HENRI GUILLAUMOT.

———

Si nous voulons éclairer les nouvelles couches en leur présentant des exemples de vertu, il importe de les recueillir dans les annales de l'anarchie, époque resplendissante où la morale révolutionnaire brilla d'un si pur éclat.

Durant cette période, en effet, vit-on jamais autant de nobles sacrifices, de salutaires enseignements. Il semblait que parmi les radicaux chacun luttât d'envie pour faire passer à l'histoire quelques-uns de ces traits touchants ou héroïques comme elle aime à en enregistrer.

Nous avons voulu rappeler ici ces prodiges de vertu, dans le but d'exciter la jeunesse à chérir cette chère Marianne qui a enfanté de tels dévouements.

L'ère de 93, 1848, et le 4 Septembre forment certainement les seules pages glorieuses de l'histoire nationale.

C'est pourquoi nous les avons consultées avec une attention scrupuleuse, laissant de côté les chroniques du vieux temps, où le peuple abruti avait la naïveté de croire en Dieu.

D'ailleurs, durant ce laps qui traverse plusieurs siècles, de Clovis à Louis XVI, est-il possible de trouver le moindre fait qui puisse embellir le cœur de nos concitoyens.

On a parlé de la bravoure des Francs, des vertus de saint Louis, de la probité de Sully, de la bonté d'Henri IV. On a vanté le règne de Léon X et celui de Louis XIV, les fières réponses des vieux capitaines du temps, le courage des moines et la science du clergé, le génie des prédicateurs, le zèle de saint Bernard, de saint Thomas-d'Aquin, de Pascal, de Bossuet.

Pour moi, ce sont des exagérations, des faussetés répandues à dessein par les cléricaux. Comment le génie, le courage, le désintéressement pouvaient-ils exister, alors que la république rouge n'avait pas encore éclairé le monde, quand, du haut de son trône de boue, la Marianne n'avait pas enseigné au peuple émancipé la morale révolutionnaire.

Ces légendes ridicules ne sauraient être admises, sinon par les niais ou les vieilles femmes dont la crédulité dépasse toutes les bornes.

Clovis? qu'a-t-il fait de si grand pour la France quand on le compare à Robespierre, ce véritable régénérateur de la patrie?

Saint Louis? Charlemagne? de pauvres sires à côté des éternelles gloires de la première république?

Les prédicateurs du temps? oserait-on les assimiler aux Hyacinthe, aux Reinkens ou aux Doellinger. Quant à ces orateurs comme Pasquier, Séguier et autres, quels pygmées à côté des Simon, des Crémieux, des Ferry, des Challemel-Lacour?

Ah! vous parlez de la chasteté des anciens? Osez donc la comparer à celle de J. Favre.

Quoi, les ministres comme Richelieu, Mazarin, ont enrichi le pays? Mais Gambetta, Glais-Bizoin,

Garnier-Pagès ne lui ont-ils pas fait atteindre son plus haut degré de splendeur?

C'est comme ces généraux du temps, que sont-ils auprès des Bordone, des Lissagaray, des Garibaldi?

Je le répète : la morale révolutionnaire seule peut anoblir la jeunesse.

Je vais le démontrer par une multitude d'exemples, attestant que les illustres radicaux de 1793, les non moins illustres Montagnards de 1848, leurs dignes émules, les patriotes du 4 Septembre, se sont toujours signalés par leur désintéressement, par leur humilité, par le mépris des richesses, par l'amour du prochain, en un mot, par une charité et un dévouement sans bornes.

Trait de reconnaissance.

Durant la Révolution de 1848, alors que la France était en proie à une bande composée de faillis, de banqueroutiers, de voleurs et d'assassins, il existait à Paris un sieur Considérant, radical de premier ordre, ce qui signifie misérable de la pire espèce.

Ce digne personnage avait pour protecteur un certain Fourier, autre vagabond non moins amoureux de la Marianne.

Ils fondèrent un journal dans lequel Fourier plaça tout son avoir; mais Considérant, dont l'inconduite était notoire, gaspilla si vite les fonds, qu'au bout de deux mois il fallut fermer la boutique.

Considérant fila avec le peu qui restait en caisse, et, au lieu de venir en aide à Fourier, son bienfaiteur, il le laissa mourir de faim, dans un galetas, à Montmartre.

La clémence, vertu radicale.

Dans la morale expliquée, il est dit que la satisfaction la plus douce est celle de faire des heureux, de régner sur les cœurs, de s'attirer l'innocent tribut de leurs acclamations. Les radicaux ont toujours compris qu'ils devaient agir de la sorte, c'est-à-dire se montrer doux, pacifiques, cléments.

Nous allons en donner des preuves historiques.

Parmi les purs, qui sont la gloire de la France, on compte Robespierre l'incorruptible. Voici ce qu'il disait touchant les principes primordiaux de la démocratie. :

« La terreur n'est autre chose que la justice prompte, sévère, inflexible, et la conséquence du principe général de la démocratie appliqué aux plus pressants besoins de la patrie. »

« Ces arrestations, disait Saint-Just, tiennent à nos mœurs. »

Aussi, jamais de grâce avec eux. A toutes les supplications, une seule réponse : la mort.

En vain les mères de famille se traînaient aux pieds de ces monstres, en vain la fille demandait le pardon de son père : pas de clémence, tel était l'impitoyable mot d'ordre.

« Ne vous plaignez pas, disait Chabot à ses victimes innocentes, la guillotine n'est qu'une chiquenaude sur le cou. »

Quelquefois on prenait un condamné pour un autre. « Qu'importe, disait alors Fouquier, il m'en faut encore un. »

Un jour, le républicain Couthon s'écria : « L'indulgence envers les suspects est atroce et la clémence parricide. »

De nos jours, il se trouva un radical, familier de Gambetta, qui eut l'audace de dire, en parlant de ses adversaires : « Fusillez-moi tous ces gens-là. » Mais l'élève se modelait sur le maître qui comme ces ilotes auxquels on confiait le pouvoir un jour dans l'année, en profitaient pour commettre tous les forfaits imaginables.

Cet avocat, dont la faconde ennuyeuse forme l'unique talent, ne se mêlait-il pas de faire passer en jugement de respectables vieillards dont l'unique crime était de ne pas obéir aux tacticiens de la défense nationale.

Pas de clémence, c'était aussi la devise de ces fruits secs que le frère et ami Garibaldi a traités de pygmées, en ajoutant : « Jamais période dans l'histoire de la France n'a été marquée par tant d'imbécillité ! »

Trait de justice.

Perrin, le chef redoutable d'une société populaire de radicaux, était sollicité par une pauvre mère tout en larmes qui implorait la grâce de son fils.

Perrin la reçut durement, et, après l'avoir entendue, lui dit : « Ton fils a joué à perdre sa tête en voulant défendre un homme que Bazire *veut* qu'il soit coupable, et ce que veut Bazire....

La vertu récompensée.

Il est toujours beau de voir récompenser la vertu, c'est le moyen le plus sûr d'encourager les citoyens à suivre l'exemple des personnes qui s'honorent par des actes dignes d'éloges.

Les radicaux n'ont jamais manqué l'occasion de rendre un éclatant hommage aux belles actions.

En 1848, les membres du gouvernement proposèrent de consacrer une somme de douze millions à récompenser des citoyens les plus vertueux.

Une cinquantaine d'individus étaient compris dans cette liste de sages.

Voici ce qu'ils avaient fait pour se couvrir de gloire :

Arbogaste, insurgé condamné à un mois de prison en 1839, était porté pour 500 fr. de pension.

Bainse, condamné à mort pour homicide, 500 fr.

Barbès, assassin, 500 fr.

Cabet, Caussidière, Marrast, Flocon, chacun 500 fr.

Blondeau, assassin, condamné à cinq ans de travaux forcés en 1832, 500 fr.

Boucheron, assassin, 500 fr.

Chaveau, assassin, 500 fr.

Combes, assassin, 500 fr.

Lavaux, assassin, 500 fr.

Lenoir, assassin, 500 fr.

Coffineau, voleur, condamné à sept ans de détention, 500 fr.

Degeorges, assassin, condamné à mort, 500 fr.

Forthom, assassin, condamné à mort, 500 fr.

Gervais, condamné pour diffamation, 500 fr.

Kersausie, condamné pour port illégal de décorations, 500 fr.

Billey, faux monnayeur, 300 fr.

Carteron, voleur, condamné à dix ans de travaux forcés, 300 fr.

Chabot, condamné pour outrages à la religion, 300 fr.

Comme le prouve cet édifiant tableau, la vertu est toujours honorée par les révolutionnaires.

En 1793, il en fut de même. Les dénonciateurs, les citoyens infidèles envers leurs maîtres, les renégats, les voleurs, les assassins recevaient le baiser

fraternel du Judas qui présidait l'assemblée des vertueux féroces.

Traits touchants d'amour paternel.

M. O'Reilly, le radical, sera signalé à l'histoire par
les sacrifices extraordinaires qu'il s'imposa pour sub-
venir aux besoins de ses enfants.

M. O'Reilly a été favorisé par la révolution. Tandis
que les pauvres diables allaient s'entasser à la Guyane
ou au bagne, lui se faisait nommer en 1848 secrétaire
général de la préfecture de la Seine, et, en 1870,
maire du dixième arrondissement de Paris, puis président du conseil de surveillance du Mont-de-Piété.
Mais quoique voué par ses opinions politiques à la
philanthropie, M. O'Reilly n'a pas, il faut le croire,
un grand fonds de sentiment. C'est ce qui nous paraît
résulter d'un jugement rendu contre lui le 9 avril 1874.

Voici à quelle occasion :

M. O'Reilly a eu, en 1833, une fille naturelle qu'il
a reconnue par acte notarié. Depuis lors, bien qu'il
mène une existence brillante, M. O'Reilly laisse son
enfant dans un complet dénûment. Ce n'est qu'après
trois tentatives faites par Mlle O'Reilly pour obtenir
un secours de son père, qu'elle a reçu de lui une
misérable somme de 32 fr.

Malgré ses instances, la pauvre fille malade et
abandonnée n'a jamais pu obtenir que de misérables
aumônes. Elle s'est donc décidée à l'actionner en
paiement d'une pension alimentaire. A cette demande, qu'a répondu M. O'Reilly.... Nous vous le
donnons en mille, chers lecteurs....

Il a répondu textuellement ces mots : « J'ai reconnu
la jeune personne en question en 1833, alors que
j'étais détenu à la prison de Sainte-Pélagie, à la suite

d'une condamnation à la déportation pour faits politiques.

» Or, cette condamnation m'avait frappé de mort civile, la reconnaissance que j'ai faite n'a donc pas de valeur. »

C'est assez fort, n'est-ce pas, pour un philanthrope que ses opinions républicaines ont porté à de lucratives fonctions.

Mais le tribunal a fait justice du système de M. O'Reilly et l'a condamné à payer à sa fille une modeste pension de 1,200 francs par an.

Rousseau, Chabot, et autres laissaient leurs fils dans la misère. La Mettrie, qui avait prédit que ses enseignements pernicieux amèneraient le triomphe de la Marianne, vivait avec une fille de joie, après avoir abandonné sa femme et ses enfants.

Le Prussien Frédéric, l'ami des voltairiens français, fit donner une pension à cette vile créature, approuvant ainsi l'acte odieux qu'avait commis La Mettrie.

On voit par là que, de tout temps, les radicaux ont pratiqué l'amour paternel.

Désintéressement.

Les révolutionnaires nous ont appris à faire un digne usage des richesses, à secourir les malheureux, à venir en aide aux gens qui souffrent, ou à ceux qui sont dans le besoin.

En 1871, quand M. Thiers, pour notre malheur, gouvernait la France, l'Assemblée, voulant lui donner un témoignage de gratitude, vota une somme de un million pour la reconstruction de son hôtel, brûlé par ses anciens électeurs.

C'était au lendemain du jour où la Commune venait d'ordonner la démolition de la maison de M. Thiers. Dans je ne sais plus quelle commission, M. de Rességuier observa qu'il serait convenable de dédommager M. Thiers qui souffrait préjudice pour le bien public, en faisant rebâtir sa maison aux frais de l'Etat.

Tout le monde connaissait le petit hôtel de la place Saint-Georges, fait de moellons et de torchis. On se dit que la dépense, tout payé, irait à 200 ou 250,000 fr.; mais, pour faire les choses généreusement, on crut bon d'en référer à M. Thiers sur la valeur de l'immeuble détruit et sur la dépense approximative de la reconstruction.

Des délégués vinrent soumettre l'idée de Rességuier à M. Barthélemy Saint-Hilaire, qui répondit avec beaucoup d'empressement que M. Thiers serait très-sensible à cette marque d'attention et qu'il se chargeait d'obtenir de lui l'évaluation des frais. M. Thiers fit remettre un mémoire s'élevant à 1,600,000 fr., dans lequel entraient en compte tous les objets mobiliers de l'ancien hôtel, et jusqu'à la batterie de cuisine que Mlle Dosne n'avait point oubliée!

Grande fut la stupéfaction générale quand le mémoire fut présenté. Mais on était engagé, il fallait s'exécuter. Comme moyen terme, on s'adressa à l'architecte du Corps législatif, M. Joly, qui dressa un devis s'élevant seulement à 1,060,000 fr. Le crédit fut voté aux applaudissements peu sincères de l'Assemblée, qui savait ce qu'il allait en coûter au pays dans un temps où les finances étaient si obérées.

Le lendemain M. Thiers fit toucher *en or* la somme votée par l'Assemblée. L'or passa dans ses caisses, et il fit sortir de son porte-feuille une valeur égale avec laquelle il acheta de l'Emprunt, ce qui lui rapporta un bénéfice de 160,000 fr., sans compter l'encaisse métallique.

Et M. Thiers possédait déjà une fortune immense.

Héroïsme.

Vaincre ou mourir, telle fut de tous temps la devise des radicaux, jamais ils n'ont forfait à l'honneur, jamais ils n'ont déserté à l'approche de l'ennemi. Fidèles, à la devise ils mouraient ou ils remportaient la victoire.

Pendant que les Gardes nationaux valides se portaient, en 1870, contre l'ennemi, M. M..., ex-candidat radical au Conseil général, se portait à la tête des siens au fond de sa cave, derrière un tonneau.

Une vieille dame venait de moments en moments, au bout du long corridor pour questionner les passants, et s'en allait ensuite dans la cour, au-dessus de l'escalier de la cave, et là, elle criait d'une voix à dominer le canon.

M'sieu Mazeau, ils approchent..., m'sieu Maazeau, ça va plus fort, ils sont dans les faubourgs. M'sieu Maaazeau, ça va encore plus fort, ils sont dans la ville, m'sieu Maaazzzeau, ils ont mis le feu, etc., etc.

Quand un passant donnait une bonne nouvelle, la dame en question s'écriait avec un soupir de satisfaction. Oh! merci! Je vais dire cela à M. Mazeau pour le tranquilliser.

Amour de la Patrie.

Le citoyen qui aime véritablement son pays, s'empresse de le soutenir par tous les moyens possibles, soit en versant son sang, soit en offrant ses épargnes au trésor.

A ce devoir les purs ne manquent pas. A toute heure du jour, de la nuit, ils sont prêts à mourir, et quand l'État manque de fonds, on les voit apportant leurs épargnes avec empressement.

Pendant la Commune, les amis de J. Favre firent une perquisition chez son banquier : *M. Etienne* Offroy.

Le livre de dépôt portait les mentions suivantes : Achat de 1,400 livres sterling à Londres, pour M. Jules Favre (23 octobre 1869).

Achat de 3,000 florins hollandais, à Amsterdam (25 octobre 1869).

Achat de 780 dollars, rente américaine, 6 pour o/o, (22 octobre 1869)..

Achat de 240 dollars, rente 6 pour o/o (12 août 1870).

Ceci prouve que chez les radicaux, le patriotisme est très-vivace.

M. Crémieux, lui aussi, plaçait tous ses fonds à l'étranger.

Il ne me reste, disait-il, que ma maison de T...., parce que je ne puis pas l'envoyer à l'étranger.

Tel est l'amour des bons bougres pour la patrie, qu'en temps de guerre, ils se font tuer plutôt que de communiquer le moindre renseignement à l'ennemi.

Le septième fascicule de l'histoire de la guerre, par l'état-major de l'armée prussienne, le démontre amplement.

On trouve dans ce fascicule le rapport que voici.

Vingt-huit août. — Un habitant de Nouart, *républicain rouge*, a communiqué aux avants-postes, que le 27, dans l'après-midi, 12,000 Français auraient campé avec le général Marguerite à Sommanlhe, que 17,000 seraient au Chesne, et que Mac-Mahon, avec le gros de l'armée, estimé à 150,000 hommes environ, serait en marche de Vouziers sur Buzancy.

Les sages se contentent de peu.

Savoir se contenter de peu, voilà encore l'une des vertus qui distinguent le radical.

Un rien le satisfait, tant ses idées sont généreuses, et ses services désintéressés.

Au pouvoir, le pur donne le premier l'exemple d'une sage économie, il diminue les appointements, il supprime les rouages inutiles, en un mot, il sait se contenter de la moindre bribe dans l'intérêt de l'Etat.

En 1793, les Jacobins s'adjugèrent trente-six livres par jour, pour faire le gâchis que l'on sait. C'était se contenter de peu.

Voici ce que les héros de 1848 dépensaient:
— Duchatel.............. quatre mille fr. par jour.
— Ledru-Rollin........ dix mille.
— Recurt.............. trois mille.
— Sénart.............. huit mille.
— Léon Faucher...... seize cents.

Quant à leurs fils de 1870, ils avaient des appétits tellement voraces qu'en quelques mois des millions furent gaspillés, sans que jusqu'alors ces administrateurs d'élite aient rendu le moindre compte.

Gambetta s'était attribué deux ministères, en province les préfets se votaient eux-mêmes des fonds.

Le républicain Thomas, nommé trésorier général en 1848, savait, lui aussi, se contenter du plus petit relief.

Voici ce qu'il toucha en compagnie de sa famille :
— Trésorier. . . . . 20,000 fr.
— Indemnité. . . . . 20,000 fr.
— Thomas fils, sous les ordres du père. . 6,000 fr.
— Thomas fils puîné. . . . . 2,000 fr.
— Le gendre du citoyen Thomas. . . . 48,000 fr.
— Une des filles du citoyen Thomas (bu-
reau de tabac). . . . . : . . . 1,500 fr.

Armand Marrast suivit cet exemple. A peine fut-il nommé Président de l'Assemblée, qu'il demanda dix mille francs de supplément par mois.

La dette de l'humanité.

Un républicain de 1793, ami intime du vertueux Robespierre, le nommé Bernard, dénonça son père comme donnant asile à un noble, M. d'Hoffret. Ce noble était le parrain du fils, et le filleul, qui le savait, avait été élevé aux frais de son parrain, auquel il avait volé sa croix de St-Louis.

Jacquelin, chef du parti radical à Sens, avait été élevé par Mgr de Caniny. Quand les frères et amis, voulant s'assurer s'il était un bon rouge, lui demandèrent ce qu'il avait fait pour mériter d'être pendu, il déclara que c'était lui qui avait dénoncé son bienfaiteur.

Générosité bien entendue.

En 1848, au Luxembourg, sous l'administration du citoyen Albert, il s'était créé une caisse dont les repris de justice pouvaient profiter en tout temps ; des centaines de citoyens plus ou moins véreux venaient y laisser leurs traces, et certes les voleurs, jadis chefs des sociétés secrètes, n'étaient jamais en retard.

Toute personne qui se présentait avec une mine patibulaire, un air farouche, une voix caverneuse, les habits ou la blouse en guenilles et la chemise noire, en un mot tout homme qui avait la mine d'un évadé de Cayenne, c'est-à-dire d'un brave radical, était sûr de toucher un bon, dont la valeur était d'habitude de 200 ou de 500 fr. C'est ce que la morale nous dit d'appeler : la générosité bien entendue.

Procédés honnêtes et courageux.

A cette même époque, Caussidière, préfet de police, disait à l'un de ses affidés : Installe-toi au secrétariat général, et fais savoir que le rendez-vous des vrais patriotes est à la Préfecture, il nous faut ici tous les vieux conspirateurs, et les gens qui savent manier un fusil ; alors nous tiendrons la queue de la poêle.

Ledru-Rollin, Flocon, Albert et moi, nous nous entendons, la question est de culbuter nos amis : les républicains du *National* ; cela fait, nous républicaniserons le pays de gré ou de force. Soyez tranquilles ; nous avons affaire à des finauds, mais nous leur ferons peur.

Réponse bien fraternelle de Louis Blanc.

Comme Marie et Arago délibéraient en 1848, Louis Blanc, Flocon et Albert entrèrent dans la salle des séances :

— Quels sont ces intrus ? d'où viennent-ils, demande Arago.

— Nous sommes nommés par le peuple, dit Flocon.

— Quel peuple ?

— Le vrai peuple, celui qui s'est battu, réplique Louis Blanc, qu'est-ce à dire, veut-on nous mettre à la porte ?

— Oui, Monsieur, nous ne pouvons délibérer en votre présence, dit froidement Arago.

Le petit bonhomme serre les poings de rage :

— Je vous connais, dit-il, vous êtes les Lafayette de 1848, mais vous sauterez par les fenêtres avant que nous sortions par cette porte, songez bien à cela.

Anecdotes comiques.

Vers deux heures, raconte un historien de la révolution de 1848, je rencontre Baune, Tisserandot, Flocon, qui marchaient à grands pas la figure enflammée.

— Où allez-vous, leur dis-je?

— Prendre les Tuileries, répondit fièrement Flocon qui n'avait pas bougé de son bureau de toute la journée.

— C'est fait, vous arrivez trop tard, je viens de voir un chiffonnier roulé dans les coussins du trône!

Peu d'heures après le gouvernement grotesque *se nommait*. Flocon appelait les noms à haute voix :

— Odilon Barrot?

— Non, non, répondit la foule.

— Ledru-Rollin?

— Oui, oui.

— Arago?

— Accepté.

A cet instant, M. Baune demande la parole.

— Citoyens, dit-il, le gouvernement ne compte que des habits noirs, il est indispensable de lui adjoindre une blouse.

M. Gaulier, vidangeur, fit un bond de surprise et d'admiration.

— Fameux! s'écria-t-il; voilà ce qu'on appelle une idée! Nommons un citoyen du peuple, j'en suis; Hélas! Albert fut choisi à sa place.

Trait de fraternité.

Le régicide Pépin avait un jour crié: Vive le roi! Collet, un autre radical, s'empressa d'organiser un charivari monstre pour saluer son entrée en prison. A peine le malheureux Pépin fut-il descendu dans la cour que, de toutes parts, s'éleva le cri ironique de: Vive le roi! Puis on le porta en triomphe autour de la cour, on dansa en rond autour de lui en l'invectivant : « Ah! tu cries vive le roi! épicier ! aristô! Sans doute tu postules une place de sergent de ville?

Puis, on l'accabla de renfoncements, et il lui fut impossible de s'expliquer.

Tels furent les adieux des radicaux à cet homme qui devait être guillotiné pour avoir tenté, par le crime le plus affreux, d'assurer le triomphe de son parti.

Conduite bien glorieuse et digne d'éloges d'un pur.

Rien de plus comique que Caussidière lorsqu'il chantait *le Vieux Soldat*, de Béranger. C'était sa seule chanson, mais il en usait largement.

Lorsque les fumées de Bacchus commençaient à obscurcir ses idées, il s'écriait :

« Attention ! mes amis, je vais vous chanter *le Vieux Soldat*, de Béranger. »

La chanson est fort belle, mais l'abus, l'affreux abus qu'il en faisait, l'avait rendu si redoutable, que chacun prenait la fuite, qui par la porte, qui par la fenêtre.

— Mes amis, c'est pour la dernière fois !

— Non , mille fois non !

Alors se voyant exposé à n'avoir plus d'auditeurs, il s'élançait, et, saisissant le premier venu de sa main de fer :

— Et bien ! tu l'entendras toi, et tout entière.

Il fallait se résigner à une heure de torture, car le malheureux bissait jusqu'à trois fois de suite, tant était grand l'enthousiasme qu'il s'inspirait à lui-même.

Un jour, il était à la Chaumière, et le président ne lui accordant pas assez vite la parole, il entonna de sa voix de stentor *la Marseillaise*, qui était alors interdite. Le président agite sa sonnette ; le maître de l'établissement intervient. Mais ils ne savent pas à qui ils ont affaire. Rien ne l'arrête : il tonne, il éclate ! Au second couplet, il arrive au refrain ; mais sa voix s'élève à un tel diapason, qu'il s'arrête suffoqué, écarlate.

Le président, raconte un témoin, le rappelle à l'ordre pour avoir chanté sans y être invité.

Mais Caussidière a respiré ; il recouvre la voix. Je t'e....., s'écrie-t-il. Je sais bien que tu aurais pré-féré m'entendre chanter *Vive le vin ! vive ce jus divin !* Et, sans écouter le président, il continue le couplet.

Caussidière chante, danse et se donne un air gro-tesque en voulant paraître gracieux.

En sortant, il fut heurté par une vieille chiffon-nière encore plus ivre que lui. Il s'empressa de lui donner le bras et s'enfuit précipitamment avec elle.

Après bien des recherches, nous parvînmes à les trouver buvant ensemble chez un marchand d'eau-de-vie. Nous eûmes toutes les peines du monde à les séparer.

Chez un marchand de vin de la halle, il se battit avec des porteurs.

Je le laissai. Bien m'en prit, car ils rencontrèrent un autre radical, Grandmesnil, et s'installèrent dans un restaurant de la rue Montmartre.

Là, une lutte gastronomique s'engagea.

Elle dura deux jours, gigantesque, incessante, au grand effroi du restaurateur.

Cette glorieuse conduite de Caussidière devait être récompensée. Les rouges de 1848 le nommèrent préfet de police.

Sentiments d'humanité.

Les écuries nationales, au Louvre, furent, pendant la Commune, le théâtre d'un drame émouvant pour les cochers et les palefreniers du château, et pour ceux de tous les hauts personnages de la cour qui avaient une voiture à leur disposition.

La Commune laissa, durant tout son règne, ces hommes parfaitement tranquilles; mais le jour où nos troupes s'emparèrent des Tuileries, les hommes qui gardaient les écuries durent se retirer. Au moment de partir, l'officier dit :

— Avant de nous en aller, il faut fusiller tous ces gens-là.

— Vous n'y pensez pas, s'écria un insurgé. Fusiller tout le monde serait trop long; fermons seulement les portes; puisque nous allons y mettre le feu, ils grilleront comme les autres, c'est bien plus simple.

Il fut fait comme on avait dit; les portes furent fermées à double tour, et elles sont si solides que les pauvres gens ne purent les enfoncer.

Ils commençaient à étouffer de chaleur, ils sentaient l'incendie qui gagnait. Enfin la troupe arriva, mais une heure plus tard ils étaient perdus.

Traits de franchise.

La scène représente le ministère de l'intérieur. C'est le matin même que le citoyen Eudes a assassiné un pompier à la Villette.

Gambetta, en panama crasseux, et Jules Ferry, en gilet blanc, arrivent essouflés et demandent à parler au ministre.

M. Henri Chevreau les reçoit. Ils se répandent en protestations aussi verbeuses qu'énergiques contre l'assassinat.

Ils espèrent bien qu'on ne rendra pas le parti républicain solidaire d'un attentat aussi odieux. Les républicains sont purs, ils sont honnêtes, etc.

M. Henri Chevreau, en homme du monde, les accueille parfaitement. Ému de cette démarche, entraîné par la chaleur de la protestation, le ministre déclare à ces messieurs qu'une pareille suspicion est bien loin de sa pensée. Il les remercie chaleureusement et les congédie.

Ils se retirent sur la place Beauvau ; ils protestent encore.

Acte second et dernier. — Les mêmes, sauf M. Chevreau, plus Jules Favre, le *Bénisseur de Ferrières*, et Arago embrassant ce même Rochefort qu'il refusera de défendre sept mois plus tard.

La scène est à l'Hôtel-de-Ville, dans le salon du Zodiaque. Douze emblêmes des mois, douze membres du Gouvernement. Nous sommes trop polis pour dire qui était sous le signe du Capricorne. D'ailleurs, ils étaient deux !

Entrée de Pelletan. — La liberté ! s'écrie-t-il, la liberté pour nos coréligionnaires politiques.

Aussitôt dit, aussitôt fait. On attèle un fiacre. Une heure se passe. Entrée triomphale de Mégy et de. .. Eudes.

— Dans mes bras les martyrs ! s'écrie Gambetta. Tableau !...

L'amour du prochain.

Pendant le séjour des Vengeurs de la République à Malakoff, une compagnie de ces malfaiteurs, dans un état d'ivresse à peu près complet, se rendit chez un marchand de vin pour y « réquisitionner » un bon repas, largement arrosé.

Quand ces individus se présentèrent chez le commerçant, ils reçurent de lui cette réponse :

« Je n'ai absolument rien à vous offrir. »

— Alors nous allons te faire cuire ! s'écrie un Vengeur à la figure sinistre.

Et, se précipitant sur le malheureux restaurateur, il commença à le déshabiller, malgré son énergique et désespérée résistance.

Ses camarades rirent d'abord, mais ensuite ils voulurent l'empêcher de continuer « sa besogne. » Ils eurent toutes les peines du monde à empêcher ce féroce radical d'accomplir son acte de cruauté.

La bravoure bien entendue.

L'un des héros barbus et moustachus de la Commune se nommait Achille Bonhomme ; c'était un lieutenant fédéré. Il passait pour un tranche-montagne, et nul n'était plus ardent que lui à stimuler le zèle des insurgés.

Mais sous sa crinière de lion, le bouillant Achille cachait un cœur de lièvre. S'agissait-il de faire une patrouille, il envoyait un affidé s'assurer que les endroits par où il voulait passer ne présentaient aucun danger.

Sûr de son fait, il s'écriait en agitant son grand sabre :

« Allons, sacrebleu ! citoyens, en avant ! Si nous

rencontrons sur notre route les assassins de Versailles, prouvons-leur que nous avons du chien dans le ventre ! »

On ne rencontrait personne, et il s'en montrait désespéré.

On ne pouvait moins faire pour un tel guerrier que de l'envoyer au plus fort de l'action. On lui donna donc, au commencement de mai, le commandement d'un détachement chargé de se rendre à Neuilly, où il faisait chaud en ce moment. Comme on arrivait aux tranchées, il eut la colique, et, au détour d'une rue, il s'esquiva après avoir crié à sa troupe :

« Serrez les rangs ! je reviens dans un instant. »

Tout en se retirant, le héros réfléchit que les communeux faisaient prompte justice des lâches, et il résolut plus que jamais de passer pour un brave.

En conséquence, il se frotta le bras droit à l'angle d'un trottoir, de manière à produire une écorchure superficielle, mais d'une certaine largeur, puis il trempa sa manche déchirée dans le sang d'un homme gisant à terre, et il revint à la place du Trône, son quartier.

On s'empresse autour de lui, on s'extasie sur sa bravoure, on veut le conduire au chirurgien.

« Non, dit-il ; un homme comme moi ne s'inquiète pas d'une blessure. Je veux retourner à l'ennemi ! »

On insiste et on le contraint à se rendre à l'ambulance dirigée par le docteur Pinel, qui prodiguait ses soins aux insurgés aussi bien qu'aux prisonniers blessés de l'armée régulière, ne voyant dans ceux qu'on lui amenait que des malades à guérir ou à soulager.

Au premier coup-d'œil, le médecin s'aperçut que

l'homme n'avait rien. Celui-ci lui fit signe qu'il avait à lui parler en particulier.

— Monsieur, lui dit-il, dès qu'ils furent seuls, je suis un honnête [et paisible père de famille que ces coquins de communeux veulent contraindre à tirer sur ses frères de l'armée. Pour me débarrasser de leurs importunités, j'ai imaginé la ruse que vous voyez.

— Ces sentiments vous honorent, lui répondit le docteur; mais votre stratagème peut être aisément éventé. Il faudrait quelque chose de mieux. Si vous voulez, je vais vous appliquer au bras l'appareil dont on se sert pour les fractures; vous porterez le bras en écharpe et on croira que vous avez eu l'os brisé par une balle.

— Parfait! s'écria le lieutenant.

Le médecin lui posa l'appareil et lui dit :

— Maintenant, vous pouvez rentrer chez vous et rester tranquille.

Ce n'est pas ainsi que l'entendait le valeureux Achille. Il s'établit commandant des formidables barricades de la place du Trône. Quand il craignait qu'elles ne fussent attaquées, il s'en tenait à une distance respectueuse; mais il y poussait tous ceux qu'il rencontrait.

— Marchez donc, tas de *feignans !* leur criait-il; voilà l'instant de montrer si vous êtes patriotes. Prenez exemple sur moi. Malgré mes blessures, je ne me repose pas, et si je ne peux plus aller au feu, j'y envoie les autres.

On pense bien que l'ordre rétabli, ce digne communeux devait plus que jamais se cacher. Cependant, on finit par découvrir sa retraite, et il fut ne maison de la rue de Montreuil.

Beaux traits de probité.

Voulez-vous savoir comment se passaient les choses à la préfecture de police pendant que le radical Raoul Rigault y régnait en maître?

Voici — et vous pouvez nous croire, — l'exactitude du renseignement est absolument garantie.

Avant tout, il était délicatement recommandé de choisir les coupables parmi ceux qui étaient le mieux garnis de montres, bagues, lorgnons et autres bijoux.

Aussitôt saisi, le *monsieur bien mis* était minutieusement dépouillé de tout ce qui pouvait avoir une valeur quelconque. Cette opération principale terminée, on procédait à l'interrogatoire.

Mais comme ce n'était là que l'accessoire, l'affaire ne traînait pas, et le patient élargi, n'avait, comme bien on le pense, d'autre premier et unique souci que de s'en aller dare dare.

Pour ceux qui ne revenaient pas, le coup était fait; mais pour les autres, ceux qui tenaient à leurs bijoux, il se jouait une comédie des plus ingénieuses.

Généralement, — la chose avait été observée, — c'était un tiers qui se présentait; on l'adressait de suite à un certain docteur Rénier, familier du lieu, grand blond mélancolique, très-enclin aux exécutions sommaires, et dont l'œil bleu azur figeait la moelle aux os des réclamants.

« Vous venez pour les objets saisis sur le nommé X...? demandait-il d'une voix d'harmonica. »

Puis, laissant à peine à l'autre le temps de répondre:

« Vous connaissez beaucoup ce M. X....? »

Et l'œil caressant du doux docteur venait tortiller les entrailles du patient.

« C'est une liaison compromettante que vous avez-là !... »

Après un temps savamment ménagé, le docteur reprenait :

« Personnellement j'étais d'avis de le garder, mais le patron en a décidé autrement *quant à présent*. Du reste, je suis tout prêt à rendre à votre ami ce qui lui appartient ; mais comme je ne puis faire de restitution qu'en main propre, veuillez le prier de passer *lui-même !* »

Et du geste et de l'œil, M. Renier reconduisait le complaisant ami.

Pour ce qui est des dépouillés, on affirme qu'il n'en est jamais revenu un seul, tant étaient expressifs les yeux bleus du docteur !... »

Exemple de modestie.

M. Garnier-Pagès, dit Emile Thomas, à propos d'une demande qu'il lui adressait, nous laissa à peine le temps de nous expliquer, et nous fit un très-long discours, d'où il ressortait que lui seul, au gouvernement, était capable de quelque chose.

Le caissier et le payeur général, présentant au ministre quelques observations, M. Garnier-Pagès leur dit : Ne vous inquiétez de rien, Messieurs, je vous donnerai mes instructions, j'ai tout prévu. *Tout est là*, ajouta-t-il, en portant le doigt à son front par un geste sublime !

Histoire édifiante.

Quelques années avant la révolution de 1848, le fameux républicain L... R... contracta, par des rapports de société, une liaison plus qu'intime avec une certaine dame L***, personne excessivement mûre, mais possédant une fortune très-appétissante. Bien que disposant, par un récent mariage, de revenus plus que suffisants pour des goûts honnêtes, l'apôtre en herbe du socialisme convoita sans façon le fruit défendu. Rien ne lui coûta pour faire couler dans sa caisse, vrai tonneau des Danaïdes, le Pactole de la vieille.

Festins de Lucullus, voitures hors de prix, toilettes échevelées, orgies secrètes, eurent bientôt raison de la bourgeoisie économe. Rentes sur l'État, argent placé, actions industrielles, tout y passa. — Un jour, Madame L*** annonça, tout éplorée, à l'avocat démocrate, la fin prochaine de ses ressources.

« N'est-ce que cela, ma chère, fit l'avocat incorruptible ; parbleu, dès demain, vous serez hors de peine : voici comment. Ma jeune femme qui, bien malgré moi, s'est réservée l'administration de son bien, se trouve embarrassée d'une forte somme dont elle cherche à faire l'emploi. Vous avez des propriétés : je vous fais prêter cet argent ; nous prenons hypothèque sur vos immeubles. — Sous peu, vous comprenez, je vous en apporte quittance. »

Puis, voyant la surprise et l'hésitation de Madame L***. — N'est-il pas juste, ajouta-t-il, que je vous restitue ce que vous avez eu la confiance de m'avancer. Je me charge de dédommager ma femme. — Je travaillerai !...

La dame accepta. — Les nouveaux fonds prirent le même chemin que les premiers, et l'amour s'envolant avec le dernier écu, la bourse vidée, l'avocat s'éclipsa.

Calypso ne pouvait se consoler du départ d'Ulysse ; dans sa douleur, elle attendait vainement la quittance de sa dette fictive. Cependant, et malgré la médisance, elle croyait quand même à la probité de son ex-adorateur. Un radical plumer une vieille femme! cela ne se voit qu'en pleine anarchie, et Louis-Philippe semblait chevillé sur le trône.

Hélas! l'anarchie arriva un jour sur les brumes de février.

Un beau matin, madame L.... reçut sommation de purger son hypothèque entre les mains de l'épouse de son ami intime. Le tour était fait. En vain, croyant à une méprise, la pauvre femme courut chez l'avocat devenu l'une des sommités de la révolution.

Les valets montagnards, par ordre du maître, lui fermèrent la porte au nez.

Et comme elle ne pouvait rendre ce qu'elle *avait emprunté*, on vendit ses biens qui se trouvèrent adjugés à Vasistas 1er pour le montant de sa créance, intérêts cumulés.

Hommage éclatant rendu à la discipline.

En 1792, les soldats de Châteauvieux, sortis des galères au moyen de l'amnistie, demandèrent à présenter leur hommage à l'Assemblée. On n'hésitait pas à les admettre, mais MM. Jaucourt et Gouvion s'opposaient fortement à ce qu'on leur accordât les honneurs de la séance. Cela donna lieu à de longs débats; enfin il fut décidé par l'appel nominal, à la majorité de 281 voix sur 546, que ces meurtriers du brave Desilles et des gardes nationales de Nancy siégeraient avec les représentants de la nation. Ils entrèrent ayant à leur tête Collot-d'Herbois qui porta la parole pour eux, et ils furent suivis d'une centaine de gardes nationales et d'une foule nombreuse d'hommes, de femmes et d'enfants, la plupart du faubourg Saint-Antoine.

L'amour d'autrui durant les horreurs de la première révolution.

Un spectacle hideux se présenta aux prisonniers qui venaient de Feurs. Une femme âgée de 80 ans, nommée Martinon, malade, ne pouvant se soutenir, fut jetée sur une charrette; mais comme on craignit qu'elle ne roulât à terre, on l'étendit tout de son long, on l'entoura de cordes, on la baillonna avec force comme un ballot. Vainement l'infortunée se plaignit et appela meurtriers ses conducteurs; ceux-ci n'en resserrèrent que davantage leurs barbares liens. La marche commence; à une secousse de la charrette, le ventre de l'octogénaire éclate, ses intestins sortent et elle expire.

Grandeur d'âme.

Dans une ville du centre, qui est loin d'être républicaine, s'était formé vers la fin de l'empire un petit noyau d'hommes d'opposition, ayant à sa tête un ancien libraire, amateur forcené d'absinthe, pilier d'estaminet, jouissant, comme tous les républicains ses amis, de la plus détestable réputation.

Ce ridicule chef de parti avait pour ami un ancien compatriote, qui s'était fait, à Paris, dans le journalisme libéral, une réputation plus tapageuse que solide, et il avait pour lui la plus grande admiration.

Avec le 4 septembre, le journaliste approcha de près le pouvoir et n'oublia pas son ami de province, à qui il fit obtenir une place de commissaire dans une petite ville, peu éloignée du chef-lieu qui avait été témoin de ses exploits.

L'ex-libraire partit, tout fier de son nouveau grade, et crut n'avoir rien de mieux à faire, en arrivant dans la ville, où il allait déployer son autorité, que de fêter bruyamment sa nomination,

Il arrivait à X.... vers la nuit, et sa première visite fût pour le cabaret. Il avait remis au lendemain sa présentation.

Il soupa copieusement et but de même ; il but tant qu'à onze heures, au moment de la fermeture de l'établissement, il se tenait à peine ; — mais comme on ne le connaissait pas et qu'il payait peu de mine , on le mit dehors ; et il alla rouler quelques instants après dans quelque ruisseau où la police le ramassa.

Le lendemain, les agents apprenaient avec stupeur qu'ils avaient *coffré* leur nouveau commissaire. C'était prendre possession de son poste d'une façon original·ginale.

L'honnêteté dans les affaires.

Le rapport de M.. de Saint-Victor jette un grand jour sur les procédés de certains fournisseurs de l'Etat, dans les mauvais jours qui viennent de s'écouler. La Chambre a été indignée, la presse proteste , et, d'un bout à l'autre de la France , on est stupéfait.

Il s'est trouvé des hommes pour spéculer sur la détresse de notre pays, pour s'enrichir de nos désastres, pour tirer de nos ruines des millions, et un ministre pour traiter avec eux, et exposer à l'aventure des sommes énormes, quand le trésor était épuisé. Les faits sont officiels; l'ex-ministre n'a pas eu un mot à répliquer.

Avons-nous tort d'affirmer et de soutenir que dans les affaires publiques comme dans les affaires privées, dans la politique comme dans le commerce, la première qualité est l'honnêteté, et la première règle de conduite, la conscience ?

On l'a dit avec autant de vérité que d'esprit,

Ce n'est pas la Prusse qui nous a perdus , c'est la Bohême !

Bohême littéraire et Bohême mercantile; Bohême des théâtres et Bohême de la rue, Bohême des clubs et Bohême des cafés, Bohême enfin des régions ministérielles !

Jamais monarchie n'a donné l'exemple de pareils scandales. Pour trouver les précédents de ces tripotages de mercantilisme, où des demoiselles de hasard et des agents cupides s'ingèrent dans les marchés de l'Etat afin de prélever sur la misère publique de honteux trafics, il faut remonter aux mauvais jours de la grande révolution. Et l'on prétend que les républiques se maintiennent par la vertu !

Sous le gouvernement du 4 Septembre, la ruine de l'Etat s'est pratiquée ouvertement, cyniquement, j'allais presque dire officiellement, par le concours d'un ministre imprudent.

Un auteur latin, peignant la décadence de Rome payenne, montre comment la cupidité engendra tous les maux et amena la ruine de la république. « Avec » elle plus de bonne foi, plus de probité, plus de » vertus. Tout fut considéré comme vénal; on s'atta- » cha à porter l'honnêteté sur le visage plutôt qu'au » fond de l'âme : on livra au pillage les fortunes » particulières et au gaspillage les fonds publics. »

Serions-nous descendus au niveau de la société romaine près de périr ! Aurions-nous perdu le sentiment de l'honnêteté, ou du moins la susceptibilité délicate, qui en est la sauvegarde? Le bien et le mal seraient-ils près de se confondre ? Le nom de la justice aurait-il vieilli, et faudrait-il effacer du vocabulaire français celui de la probité? L'opinion blasée finirait-elle par admettre qu'on entre au pouvoir pour faire fortune, ou au ministère pour enrichir des amis?

On pourrait le craindre à voir l'impudence des hommes coupables des malhonnêtetés que nous signalons. Ils ont osé produire en public les preuves de leurs spéculations scandaleuses et en réclamer les bénéfices devant les tribunaux.

Pour prévenir le retour de pareils abus, il faut les signaler et les flétrir; c'est pourquoi nous devons donner quelques détails empruntés au rapport de M. de Saint-Victor.

Ce rapport rend compte des marchés contractés, pour l'approvisionnement de Paris, au moment de la capitulation, par le radical Magnin, alors ministre du commerce.

Au lieu de s'adresser aux membres de la chambre de commerce ou à des fournisseurs notables de la ville, M. Magnin traite avec des inconnus, sans garanties de moralité, de crédit, de réputation, mais dévoués à la république, je suppose. La signature de M. le ministre devait tenir lieu de cautionnement, de garanties, même de fonds. On cite surtout quatre marchés intéressants : le premier de 5,850,000 francs avec un nommé de Baillehache, deux fois banqueroutier; le second de 1,950,000 francs avec un nommé Renault, courtier d'assurances; le troisième de 4,525,000 francs, avec un nommé Chavannes, renvoyé précédemment du chemin de fer de l'Est; le quatrième de 5,118,000 francs, avec un Américain nommé Frear.

Ces personnages, qui doivent fournir des provisions de pommes de terre, de haricots, de fromage, de viandes salées, n'ont pas plus de provisions que de crédit. Ils entrent donc en société avec d'autres qui doivent procurer les denrées.

Ainsi de Baillehache, qui ne possède pas de pommes de terre, en demande à Lange-Desmoulins : celui-ci — qui est *fabricant de couleurs*, doit à son tour faire un appel à un autre intermédiaire, et il traite avec M. Emile Lion. M. Emile Lion n'a pas de pommes de terre non plus, car il est rédacteur du *Figaro-Programme*. Il s'adresse à M. Alfred Lion, qui tient à Londres une maison meublée. Tous ces soumissionnaires ne fournissent rien, et ne figurent dans l'affaire que par les bénéfices qu'ils se réservent.

Les prix souscrits par M. le ministre sont assez élevés pour assurer un beau gain aux entremetteurs de tous degrés qui prennent part aux opérations commerciales. Voici quelques chiffres qui indiquent jusqu'à quel point ces misérables spéculaient sur la détresse publique, et quels profits ils espéraient réaliser aux dépens du trésor.

Par les clauses du marché de Baillehache, le gouvernement s'engageait à payer 19 fr. 50 le quintal de pommes de terre, qu'on pouvait se procurer à 12 fr., y compris les frais de transport. Donc, 7 fr. 50 de bénéfice net par quintal. La fourniture étant de 300,000 quintaux, les commissionnaires comptaient partager un bénéfice de 2,250,000 fr., sur une affaire de 5 millions. En fait, les livraisons furent arrêtées à 80,000 quintaux, et le gain réduit à 600,000 fr. plus une indemnité de résiliation de 589,000 fr., ce qui porte à un 1,189,000 fr. les bénéfices à partager entre les négociateurs de cette affaire. L'Etat, obligé de revendre à bas prix ces marchandises achetées fort cher, perdait 1,500,000 fr.

Renault, avec lequel a été contracté le second marché, pouvait compter sur un bénéfice de 450,000 fr.

Mais on refusa 66 wagons de marchandises détériorées, et plus tard le marché fut réduit tant pour la quantité à fournir que pour les prix. Renault ne réalisa pas les profits qu'il avait rêvés, mais le trésor ne fit pas moins des pertes sérieuses. Une partie des provisions livrées sont tombées au pouvoir de la Commune, le reste a été vendu à vil prix. Sur une avance de 1,300,000 fr. l'Etat perd 1,199,000 fr.

Chavannes, qui a conclu le troisième marché, traite ensuite avec Frear, qui s'engageait à remplir les obligations de Chavannes et à fournir les marchandises. Frear, n'ayant rien fourni, Chavannes l'a poursuivi au mois de février en dommages-intérêts, réclamant les bénéfices que lui fait manquer la négligence de Frear, c'est-à-dire 1,110,000 fr. Le tribunal saisi de l'affaire lui a accordé contre Frear une provision de... 10 francs.

Dans le quatrième marché de 5,110,000 fr., conclu directement par Frear avec le ministre, intervient une demoiselle Blanche Costard, marchande de formes coulissées pour modes, qui joue le rôle de commissionnaire. Le marché ayant été résilié après des fournitures de deux millions, ladite demoiselle réclame 81,677 fr. que, sans cette résiliation, elle eût perçu à titre de frais de commission.

Est-ce assez scandaleux?

Mais comment qualifier le radical qui souscrit, les yeux fermés, de pareils contrats, sans savoir même jusqu'à quelle somme il engage l'Etat? Car c'est la commission qui lui a appris que les marchés signés par lui, se montaient à un chiffre énorme de 86 millions de francs.

La France peut pardonner l'ambition, l'imprudence, la témérité. Elle ne pardonne pas l'improbité.

L'honnêteté a toujours fait partie du génie de nos pères. Restons fidèles à ce génie : soyons honnêtes.

Bel exemple de patriotisme.

Pendant la guerre, un radical avait deux chariots. On les réquisitionne, et, pendant longtemps, on n'entend plus parler de ces inestimables quatre-roues. Tout le monde perdant quelque chose, le propriétaire des chariots, un vrai pur, devait se dire que la Providence lui avait fait cette part — part modique — dans les malheurs de la patrie. Il y avait aussi un harnais. Encore un objet à sacrifier.

Mais un peu de calme nous étant rendu, on apprend que tous les bibelots de l'habitant de C.... sont dans une ville voisine.

Que se passe-t-il?

Les chariots tendent leurs brancards au propriétaire qui leur tend les bras, et tout est dit.

Que nenni !

Voici la note, en bonne et due forme, présentée par ce radical à qui de droit :

1° Prix d'un harnais double non restitué, 164 fr.

2° Un franc par jour pour un chariot restitué en avril 1871, 160

3° Un franc par jour pour un autre restitué le 12 mars 1872, 485

4° Voyage à L..., pour ramener, 50

5° Moins-value du chariot restitué le 12 mars, 80

6° Voyage à L..., 10

7° Autre voyage à L..., 37

TOTAL, 986 f.!!

Pourquoi le voyage à L..., article 6, n'a-t-il coûté que 10 f.? Pourquoi le second voyage à L..., article 7, a-t-il coûté 37 fr.? Je n'en sais rien. En tout cas, le patriotisme républicain est une belle chose.

Mot célèbre d'un radical.

L'un des chefs du 4 Septembre savait entendre la vie. C'est lui qui, en parlant des volontaires de Charette et Cathelineau, les traitait d'imbéciles.

— Ils se sont bravement fait tuer, objecta un assistant.

— Je disais bien, les imbéciles! fit l'associé de Gambetta, et il ajouta avec son sourire cynique : Suis-je mort, moi !

Pouah !...

Les bons enseignements sont toujours profitables.

Un jour, en plein conseil de guerre, le capitaine rapporteur C... dit à un fédéré qu'on allait le condamner à la déportation.

— Mais enfin, vos antécédents étaient bons! qu'est-ce qui a pu vous entraîner là?

— Ce sont les clubs, dit le misérable en courbant la tête.

Et qui donc avez-vous entendu dans ces clubs? quels sont les orateurs qui ont eu une telle action sur votre esprit?

Ce sont MM. Garnier-Pagès et Jules Simon, le ministre actuel.

Là-dessus un grand silence suivi d'une émotion indescriptible.

— Vous le voyez, Messieurs, s'écrie le capitaine rapporteur, voilà donc ces hommes de désordre et de révolution que nous retrouvons partout depuis nos malheurs !

A eux, ces paroles ont valu la fortune, l'éclat, la

puissance. Et à ces misérables, elles ont valu l'infamie et la mort.

Certes, nous devons flétrir les insensés qui se sont laissé entraîner jusqu'au crime, et notre devoir est de les séparer à jamais de la société. Mais c'étaient des ignorants, c'étaient de pauvres abusés. Que dirons-nous des hommes dont la carrière s'est faite par l'émeute, et qui ne se sont élevés au pouvoir que sur les cadavres de leurs victimes.

Souvenirs glorieux.

La ville du Cateau vient d'être le théâtre d'un scandale déplorable. Une fille de mauvaises mœurs étant morte au domicile de son amant, M. le doyen lui refusa la sépulture ecclésiastique.

Les rouges du Cateau envahirent l'église, y transportèrent le cercueil et voulurent contraindre le curé à réciter les prières des morts. Désespérant de vaincre sa résistance, ils revêtirent les vêtements sacerdotaux et se mirent en devoir de contrefaire les cérémonies religieuses.

Le juge de paix et le commissaire de police arrêtèrent cette parodie sacrilége et firent évacuer l'église.

Furieux de leur déconvenue, les purs allèrent quérir le maire, reprirent le cercueil dans l'église et au nombre de près de deux mille le conduisirent au cimetière aux cris de: Vive la République! à bas la calotte! à bas les curés! vive M. le maire!

Et l'on chanta en chœur TOUS LES COUPLETS DE LA MARSEILLAISE.

Après la cérémonie, la foule retourna chez l'honorable doyen, pour lui faire un charivari. Puis la foule se dispersa après ces hauts faits.

Inutile de dire que toute la radicaille du Cateau étaient présente à cette fête funèbre.

Bel exemple de fraternité.

Quatre ou cinq jours après le 4 septembre, Cluseret venait de descendre de la tribune des Folies-Bergères où il avait accusé de trahison le gouvernement ; l'auditoire grognait et Cluseret éconduit s'en allait tout penaud, lorsqu'un gaillard au teint olivâtre, à la face de mulâtre, au parler méridional , s'élance sur la plateforme :

« Citoyens, dit-il, je suis une victime du gouvernement déchu ; sous Bonaparte j'ai été condamné à la prison pour politique ; c'était le citoyen Gambetta, — il prononçait le nom de Gambetta avec de l'ail et du coton, — c'était le citoyen Gambetta qui me défendait ; naturellement j'ai été condamné ; aussi lorsque mes fers sont tombés, ma première visite a été pour le citoyen Gambetta. Je me présentai au ministère de l'intérieur et je demandai à parler au citoyen ministre ; un huissier me répondit : « Mon garçon, — il était familier ce valet, — mon garçon, on ne parle pas comme cela à M. le ministre — mais, mon garçon, fis-je en appuyant, le citoyen ministre est de mes amis. — C'est qu'il travaille. — Il travaille ! il travaille ! Quelle besogne plus pressée que de recevoir les martyrs de la tyrannie ? »

« L'huissier m'offrit de parler au secrétaire général. Gambetta ! un secrétaire général... Comment est-ce qu'il s'appelle, ce paroissien-là ? — Laurier ! — La-hu-rier ? — Oui, Faites-moi parler au citoyen La-hu-rier ! Il m'introduit ; je dis au citoyen La-hu-rier : — Je sors de prison, où j'ai été mis pour politique ; le citoyen Gambetta m'a défendu, il sait que j'ai été con-

damné injustement. Voulez-vous me donner un ordre pour que j'arrête mes juges et les mette à leur
tour en prison ?

« Cela était bien naturel, n'est-ce pas ? — Eh bien!
savez-vous ce que m'a répondu le citoyen La-hu-rier?
non, n'est-ce pas? Il m'a répondu que j'avais la tête
montée parce que je sortais de prison, mais que
j'aille me promener au frais pendant deux heures
et que cela tomberait. Voilà les gens qui nous gou-
vernent! Depuis quatre jours au pouvoir et déjà sa-
tisfaits ! »

Le vrai mérite consiste à montrer l'exemple.

« Elle n'est pas de la période dernière, mais de 1869.

» Les malins en chercheront le héros autour d'eux.

» Il était candidat radical et faisait ses tournées à
travers monts et vaux.

» Véhiculé sur une grande calèche à deux chevaux,
pantalon bleu-de-roi à boutons d'or, gilet blanc à la
Robespierre, paletot de nankin, feutre gris, — tenue
irréprochable de saison, — c'était l'été.

» Comme il arrive au grand trot de ses coursiers à
grelots, dans la commune de G..., il rencontre, atta-
blés sous la tonnelle de la première auberge de l'en-
droit, une vingtaine de gaillards qui buvaient depuis
deux heures, —il faisait chaud, sans pouvoir se dé-
saltérer.

» A la vue de l'éligible, toute la bande se lève et
pousse un vivat formidable.

» La voiture s'arrête et le citoyen X... — car c'était
un citoyen — descend d'un pied léger et se met à dis-
tribuer, à droite et à gauche, mille poignées de main
démocratiques sociales.

» —Ce n'est pas tout ça, s'écrie un paysan déjà dans

les vignes jusqu'aux oreilles, il faut que notre candidat trinque.

» — Comment donc, mes amis, si je trinquerai, mais de grand cœur.

» Et déjà il s'empare d'un gobelet plein jusqu'aux bords.

» — Pas avec celui-là, fait tout-à-coup quelqu'un en se frappant le front comme pour en faire jaillir une idée. Attendez !

» Il rentre dans l'auberge, et un instant après en revient apportant triomphalement par l'anse un vase énorme qui était justement... le contraire d'un verre à boire.

» Il y eut un tonnerre de hourrahs et d'applaudissements dans l'assistance.

» Le candidat avait pâli.

» — Bah ! dit un de la bande, quand le jus est de qualité, il est bon à goûter dans toutes les coupes; garçon, deux litres du plus vieux !

» Le garçon vide les deux litres dans l'étrange récipient qui ne s'était jamais vu à pareille fête.

» Le vin était tiré, il fallait le boire.

» Lors, prenant son courage et le vase à deux mains, l'héroïque candidat le but, non sans endommager gravement son gilet blanc à la Robespierre. Puis, ayant remercié ses aimables convives, remonte lestement en voiture.

» Certes, ce bel exploit valait bien au moins vingt suffrages.

» Voyez pourtant jusqu'où va la malice du suffrage universel quand il est en goguette. Le scrutin venu, aucun des buveurs ne vota pour le citoyen X...

» Il avait avalé le calice sans profit ! »

Simplicité lacédémonienne.

» On a beau être radical, on n'en aime pas moins le luxe. Exemple :

» Dans la dernière séance de la commission départementale, un des membres radicaux a présenté à la signature de M. le préfet un bon pour un tapis à placer dans la salle du conseil général.

» M. le Préfet n'a eu garde, bien entendu, de refuser une demande aussi *démocratique* et aussi... *économique.*

» Cela rappelle un peu la grande opération qui émotionna la ville de Toulouse, gouvernée par Duportal, dit: *tout un monde*, et par le *général* Périn. Pendant que les mobiles se battaient en souliers de carton fabriqués par les fournisseurs républicains, les maîtres de Toulouse faisaient la pose des tapis !

» République et tapis, cela ferait bien comme devise. »

Fraternité radicale.

L'on est surpris de voir certains hommes que la position, les traditions de famille, la fortune ou l'instruction sembleraient devoir éloigner du radicalisme et qui, cependant, font cause commune avec les *représentants-nés* de la révolution... A quelle cause attribuer ces faits ? Sont-ce des hommes froissés ? des hommes qui ont peur ? des hommes ambitieux ? des hommes ?... Dans tous les cas, il y a des hommes qui vivent et semblent se plaire dans cette fangeuse atmosphère !

J'en connais un, entr'autres, que l'amour du paradoxe a poussé dans ce milieu. — La contradiction !...

S'il ne trouvait à contredire tout le monde, il serait

capable de se mettre en désaccord avec lui-même. Chrétien..... très-fervent.... jadis, Royaliste très-ardent... aussi jadis, garçon d'esprit, toujours... bien des fois nous nous sommes demandé ce qui pouvait attirer, et surtout retenir M. D. parmi... ces braves gens! Ce qu'il en pense lui-même, le fait suivant l'apprendra.

La scène se passe sur le pavé de l'une des villes de ce département. M. de V., voyageur *en liquides*, offrait à notre héros les grands crûs du Médoc.

— Pour qui donc voulez-vous que j'achète vos grands vins? dans l'état de division où nous sommes, on ne peut plus réunir six honnêtes gens à sa table, sans que l'on se prenne aux cheveux!

— Mais vos amis politiques? insinue le voyageur en vins.

— Ces frappouillards-là! Oh! ventrebleu! Si jamais je les invite à dîner, j'irai à l'auberge du coin leur acheter du vin bleu... ce sera toujours assez bon pour eux!

Anecdote comique.

C'était au beau temps du gouvernement du 4 Septembre

A Tours, un individu qui était connu de Gambetta se présente un matin dans son cabinet.

— Que désirez-vous? demande l'Excellence.

— Nommez-moi percepteur.

— Percepteur? mais vous ne savez pas lire?

— N'importe! Je prendrai un secrétaire.

Se respecter est le premier des devoirs.

Deux radicaux descendaient hier, bras dessus bras dessous, le faubourg du Temple. Ils décrivaient de larges zigzags, et fredonnaient:

« La victoire, en chantant, nous ouvre la carrière,
La liberté *guide nos pas !* »

— Eh bien ! elle vous guide joliment de travers !... leur cria un promeneur.

La véritable tolérance.

Une jolie scène dans une réunion électorale du dix-neuvième arrondissement.

— Etes-vous pour la liberté de conscience ?

— Oui.

— Etes-vous pour la liberté des cultes ?

— Oui.

— Etes-vous pour la liberté de la presse ?

— Oui.

— Eh bien ! répliqua l'électeur avec plus d'aplomb encore que le candidat : je parie quarante sous que tout cela n'est pas vrai. En conséquence, deux pièces de deux francs chaque sont apportées sur le bureau du président, et l'électeur poursuit :

— Messieurs, je commence par vous avouer que je ne suis pas radical.

— Les auditeurs interrompent en criant : A bas l'aristo.

— Vous voyez bien que j'ai gagné mon pari, puisque vous n'êtes même pas pour la liberté de la parole, et il ramasse en même temps les deux pièces de deux francs.

Patriotisme.

Il nous arrive de Marseille de bien curieuses révélations sur l'incident Gambetta-Naquet. Il paraîtrait que ce n'est pas le 4 septembre que M. Naquet avait proposé à M. Gambetta de proclamer la république. La proposition fut faite à l'ex-dictateur par l'illustre bossu le 7 août au matin. Ce point qui paraît désormais acquis à l'histoire, doit être précieusement recueilli. Nous ne sommes pas de ceux qui pensent que l'Empire pouvait survivre au désastre de Sédan. Le 4 septembre, l'Empire était condamné, il s'est écroulé de lui-même, et nous ne le regrettons que parce qu'il nous semblait que l'Empire fût chargé de liquider la guerre qu'il avait entreprise. Mais ce n'est pas le 4 septembre, lorsque l'Empereur prisonnier, nos armées, la France, était affolée, que les républicains songeaient à proclamer la République. Dès le 7 août, le lendemain du glorieux échec de Reischoffen, M. Naquet, à la tête de 7,000 républicains, proposait de faire une révolution en face de l'ennemi, et M. Gambetta ne s'y refusait que parce qu'il ne trouvait pas la poire assez mûre. Et ces gens-là viendront encore nous parler de leur patriotisme.

Trait d'humilité.

M. Guyot-Montpayroux venait de se présenter à l'empereur en même temps que MM. de Kératry et Choiseul-Praslin. L'empereur s'avance vers le jeune et bouillant député de la Haute-Loire.

« — Eh bien, M. Guyot-Montpayroux, dit Sa Majesté, êtes-vous toujours ardent contre quelques-uns de mes amis ?

» — Toujours, Sire, et c'est même mon mandat.

» L'Empereur sourit et reprenant bientôt :

— Vous accoutumez-vous du moins à votre nouvelle vie ?

— Oui, Sire, depuis l'*âge de dix ans*, je m'étais promis que je serais député dès que j'aurais l'âge; par conséquent, depuis vingt ans, je vis en face de cette idée, et je m'y suis tout-à-fait accoutumé.

« — Vraiment, vous vous êtes promis à dix ans d'ê-tre député?

— Si je ne me suis pas présenté en 1863, c'est que j'étais trop jeune.

M. Pinard qui était présent à l'entretien s'adressant à M. Guyot-Montpayroux, lui demanda :

« — Avez-vous décidé à quel âge vous vouliez être ministre?

» — Et tout de suite, si l'Empereur daigne me le demander. »

Sur ces mots l'Empereur entraîna M. Guyot-Montpayroux dans l'embrasure d'une croisée et s'entretint avec lui des... intérêts du département de la Haute-Loire.

Belle réponse de Blanqui.

La foi ou l'orgueil de cet homme — quel que soit le nom qu'on donne à cette confiance absolue en soi-même — surprenait M. Laurentie.

— Eh bien! Monsieur, lui disait-il un jour, admettons que vous soyez à l'instant investi de la dictature...

D'un geste Blanqui l'interrompait.

— Permettez, Monsieur, avant d'aller plus loin. Si, depuis cinq minutes, j'étais dictateur, il y aurait déjà au télégraphe une dépêche qu'on expédierait : trois mots seulement, presque rien, mais cela suffirait à bouleverser l'Europe.

M. Laurentie commençait à écouter curieusement.

— Oh! mon Dieu, oui, reprit Blanqui, et vous allez voir que c'est très-simple. Le czar est à Nice en ce moment, et à Nice j'ai des amis. Mon premier acte de dictateur eût été de leur télégraphier ceci : « Faites pendre le czar! » Quelles seraient les conséquences de cette exécution, je n'ai pas à le chercher ici, mais vous ne doutez pas plus que moi d'un immense effet produit en Europe.

Et comme le rédacteur en chef de l'*Union* restait muet, le terrible halluciné ajouta :

— Pensez-vous que je serai assez pratique en très-peu de temps? Et maintenant, Monsieur, j'attends les questions que vous auriez à me poser.

M. Laurentie s'était levé.

— Ma foi, Monsieur, dit-il, en saluant Blanqui, je renonce à vous poser des questions, j'aurais trop peur de vos réponses.

Fraternité bien entendue.

La *Nouvelle presse*, de Vienne, a publié, dans son numéro du 8 de ce mois, la lettre suivante :

« Cher Monsieur Etienne ! je ne veux pas laisser passer votre vingt-cinquième anniversaire de publiciste européen sans vous saluer et vous envoyer l'expression de *mes sentiments de vive confraternité*. Soyez heureux, vous et votre noble pays, et croyez qu'à travers les labeurs de la vie publique je n'oublie jamais les sympathies dont vous m'avez honorés à Vienne.

» Cordialement,

» Léon GAMBETTA.

« Paris, 3 février 1876. »

Qu'est-ce que M. Etienne?

C'est le rédacteur en chef de la *Newe freie Presse*, le journal le plus gallophobe non-seulement de l'Autriche, mais de toute l'Allemagne.

Il ne se passe pas de jour que la *Nouvelle Presse*, dévouée entièrement à la politique de M. de Bismarck, ne déverse l'injure et la calomnie sur la France, à propos de laquelle elle publiait encore tout récemment cette insolence: « Rien n'égale l'ignorance du Français, si ce n'est la vanité gauloise. »

Et c'est à ce M. Etienne que M. Gambetta adresse « ses sentiments de vive confraternité. »

Modestie.

On sait que toutes les dépêches du gouvernement de M. Gambetta, en 1870-71, n'ont pas été retrouvées. Il en resterait beaucoup à publier.

Parmi les plus étonnantes, quelques personnages du temps en citent une de mémoire qui fut envoyée à Besançon le jour où M. Gambetta y annonça son arrivée après la campagne malheureuse du brave général Cambriels. Cette dépêche, où l'orgueil révolutionnaire de M. Gambetta se manifestait fort naïvement, se terminait par ces mots: « Pas d'ovation ! »

Trait de générosité radicale.

C'est le *Figaro* qui l'a rapporté, et il est vraiment curieux :

« M. Jules Maurer, ex-chef du reportage du journal le *Peuple*, est venu nous raconter la petite histoire suivante :

» Auteur d'un article poursuivi, M. Jules Maurer fut assigné conjointement avec M. Simond, gérant du journal le *Peuple*, et condamné à 500 francs de dommages-intérêts, aux frais, plus à l'insertion dans trois journaux au choix du requérant.

» M. Floquet, directeur du journal, conseilla à son rédacteur de se laisser condamner par défaut; d'un autre côté, le gérant ayant prétendu que le jour où avait paru l'article incriminé, sa signature n'était pas au bas du numéro du journal, M. Maurer a dû supporter seul les frais de la condamnation.

» Appelé comme réserviste, M. Jules Maurer fit ses

vingt-huit jours dans un régiment de dragons au camp de Châlons; il ne put arrêter les poursuites et dut laisser saisir son mobilier, qui a été vendu jeudi dernier.

» Naturellement et en bonne justice, M. Maurer s'adressa à M. Floquet, son directeur, pour le prier de lui venir en aide.

» Vous ne devineriez jamais quelle fut la somme que lui offrit le député de la Seine, le défenseur des pauvres et des déclassés, l'illustre Me Floquet:

» Cinq francs !

» Voilà ce qu'il accorde à un des rédacteurs qui perd environ 2,000 francs pour un article paru dans son journal.

» Décidément, il n'y a que les radicaux arrivés pour avoir de pareilles générosités.

» M. Floquet, — qui a poussé la générosité jusqu'à offrir cinq francs à l'un de ses rédacteurs, — est plusieurs fois millionnaire par sa femme.

» Millionnaire ou non, il a commis une indélicatesse qu'un républicain de son espèce seul pouvait commettre, en obligeant un de ses rédacteurs à payer les frais d'un procès. En sa qualité de directeur, son devoir était d'examiner l'article avant de le publier. Sa publication le constituait donc seul responsable. Mais, nous le répétons, M. Floquet est un républicain radical, ce qui explique tout. »

La défense des bons principes.

Le *Siècle* prend ainsi la défense des cabarets contre l'Assemblée nationale:

« Voici nos sages de la droite qui cherchent noise aux ivrognes.

» ... Il me paraît que ce n'était pas en vue de ces

choses-là que les députés ont été nommés pendant
l'armistice, mais passons.

» ... Il se passe au cabaret de *loin en loin* ou *de proche
en proche*, des scènes regrettables, je vous l'accorde.

» M'est avis qu'on s'attache trop au mauvais côté
du cabaret et qu'on n'en voit pas assez le *bon côté*.

» ... *Où se verrait-on si ce n'est au cabaret*, et comment causerait-on, si l'on ne buvait pas un coup, de
temps en temps, pour se délier la langue?

» La société *que nous cherchons* n'est pas dans la rue,
elle est au cabaret; chacun y choisit son monde et s'y
appareille du mieux qu'il peut. Pour *quelques malheureux* qui boivent jusqu'à s'étourdir et à perdre le peu
de raison qu'ils ont à jeun, il y a quantité de braves
gens qui boivent seulement pour payer la place qu'ils
occupent et *entretenir la conversation.* »

Les cabarets sont le fonds de boutique du *Siècle.*

S'il n'y avait pas tant de cabarets, la clientèle du
Siècle diminuerait d'autant. Nous trouvons donc tout
naturel ce plaidoyer. Toutes les feuilles de cabarets ne
manqueront pas sans doute de se joindre au *Siècle.*

Savoir économiser les deniers de l'Etat, est chose profitable à tous.

La commission des marchés a découvert des choses
fantastiques au crédit des administrateurs du 4 Septembre.

,A Toulouse, par exemple, M. Duportal a usé *dix
mille* francs de galons destinés à orner les uniformes
d'une garde civique quelconque de cette heureuse
ville. Plus *quinze mille* francs pour des *bonnets rouges !*
C'est un rêve !

A Lille, on trouve une somme de *cent cinquante mille
francs* affectée à l'acquisition d'un lot de « chaussures

en carton » (ainsi s'exprime la note), acceptées, bien
entendu, par la préfecture, après avoir été refusées
par deux commissions militaires.

Radicaux aplatis.

On m'a raconté une spirituelle réponse d'un prêtre
qui s'arrêta en voyage dans un hôtel assez mal fré-
quenté. L'hôtelier n'ayant pas l'habitude de voir des
ecclésiastiques à sa table, le regardait avec surprise.
Les employés ne ménageaient pas leurs grossiers propos, sans que le bon prêtre y prêtât la moindre attention; il prenait son dîner sans plus de souci des raille-
ries de ses voisins. A la fin, un des hôtes ne pouvant
comprendre ce calme, lui dit : En vérité, je m'étonne
de votre patience ! n'avez-vous pas entendu tout ce
qu'on dit sur votre compte? — Oui, je l'ai bien entendu, mais je suis habitué à cela. Ne savez-vous pas
qui je suis? — Non, Monsieur. — Eh bien ! je vais
vous le dire : je suis chapelain d'un asile d'aliénés, et
de semblables remarques ne me font pas grand effet.

La véritable bravoure.

« Une bande de garibaldiens se porte à la demeure
de l'évêque d'Autun.

» Un officier, frappant à la porte du pommeau de
son épée :

» Au nom *della* patrie envahie, *aprite* (ouvrez) !

» Une voix de l'intérieur: — Qui frappe à cette
heure?

» L'officier. — Ouvrez, *per Dio !*

» La voix. — Que veut-on?

» L'officier. — *Sacramento !* Si on tarde à ouvrir,

nous *sprofondons* la porte au nom de la loi du peuple souverain, *della* patrie envahïe. *Aprite, per Bacco!*

» La porte s'entr'ouvre, mais semblable à la rafale qui pénètre dans un appartement lorsqu'une ouverture quelconque lui donne accès, la bande envahit la demeure épiscopale, et sans autre forme de procès, pénètre dans la chambre où l'évêque dormait, et se met à faire une perquisition minutieuse.

» L'évêque indigné : — Si vous n'avez pas de respect pour mon caractère, respectez du moins le citoyen. Qui vous donne le droit de violer mon domicile?

» L'officier. — Vous êtes accusé de *nascondere* (cacher) des armes, des Prussiens mêmes ; la *Republica* en danger veut s'en *assieurer*.

» Sur ce, officier et soldats explorent minutieusement l'appartement de l'évêque ; avec les sabres, avec les baïonnettes, ils fouillent les coins et recoins, trouent le canapé et les fauteuils : puis, de guerre lasse, se retirent.

» Demain, le bon évêque cherchera en vain la croix pastorale, sa montre et autres objets précieux... Inutile de dire où cela aura passé. Il faudra même qu'il achète du vin pour dire la messe, car sa cave a été mise à sec. »

Et voilà : volés et voleurs, quels furent les exploits des soldats et des officiers de Garibaldi, leur général en tête.

Trait célèbre de patriotisme.

Le 6 novembre 1870, alors que le gouvernement de la Défense nationale, dont M. Jules Simon, père, faisait partie, lançait à la bataille tous les hommes valides présents à Paris, le bureau de recrutement du département de la Seine recevait la lettre suivante :

1re DIVISION

—

1re subdivision

—

Place de Paris

—

Paris, le 5 novembre 1870.

Colonel,

Le ministre de la guerre, par décision du 3 courant, a accordé au sieur Suisse, Charles-Eugène, dit *Jules Simon*, jeune soldat de la classe de 1878, du département de la Seine, un sursis de départ de trois mois.

Ce jeune homme demeure place de la Madeleine, n° 10.

Le général commandant la place de Paris,
Signé : Chardon de Chaumont.

Notez que si M. Jules Simon qui est aussi économe que bon père, avait fait remplacer son fils à cette époque, cela lui eût couté fort cher (et d'ailleurs le remplacé aurait été forcé de marcher avec la mobile).

Le sursis accordé par la lettre officielle du 5 novembre expira tout naturellement le 3 février, sept jours après le dernier coup de canon tiré.

Cependant, M. Jules Simon fils ne rejoignit pas son régiment et continua à ne pas se faire remplacer. Il évita ainsi les dangers de la prise d'armes contre la Commune.

Après la Commune, on commença à mettre de l'ordre dans les papiers et on s'aperçut que M. Jules Simon fils était déserteur.

Grand émoi au ministère de l'instruction publique. Son Excellence, M. Jules Simon, alla trouver l'Excellence de la guerre, et le bureau de recrutement de la Seine reçut la lettre suivante :

1re DIVISION

—

1re subdivision

—

Place de Paris

—

Paris, le 22 juillet 1871.

Colonel,

J'ai l'honneur de vous informer que par décision ministérielle du 19 juillet, le sursis de départ dont jouit le sieur SUISSE, Charles-Eugène, dit Jules Simon, de la classe de 1870, sera prolongé de *trois mois.*

Général commandant la place de Paris,
Signé : DE GESLIN.

Cette lettre consacrait une fiction assez ingénieuse. Le jeune Jules Simon n'était porteur, *depuis le 3 février*, d'aucun sursis!

Enfin, M. Jules Simon fils arrivait tranquillement à l'époque du tirage de sa classe, tirage qui pouvait le favoriser d'un bon numéro et éviter à papa de payer un remplaçant.

Mais Dieu ne favorisa pas une combinaison si bien ourdie et le jeune brave fut maintenu sous les drapeaux par son numéro! — Pas de chance! — et c'est alors qu'intervient une troisième décision ministérielle dont nous vous ferons grâce.

Bref, M. Jules Simon fils se fit remplacer..... à bon compte, car le prix était fait.

Que dites-vous de cela, réservistes?

Ne trouvez-vous pas que ces gens du 4 septembre entendaient bien la guerre?... au point de vue de la Liberté, de l'Égalité, de la Fraternité et de *leur sécurité?*

Nous ne saurions donc mieux clore ces intéressantes

révélations qu'en vous offrant une complainte sur un air que vous connaissez tous, sur l'air de :

Ça vous coupe la.... bouche à quinze pas.

> Chantons la valeur du fils à Jules Simon
> Guerrier candide et pacifique ;
> Dans les infirmiers logés près de l'Odéon.
> Il fait la guerre à la colique
> C'gaillard-là à l'air martial
> A faire trembler les murs d'un hôpital ;
> Quand il a son canon sous le bras,
> Ça vous coupe la... bouche à quinze pas !

Simplicité lacédémonienne.

« Les appartements disposés au palais du Luxembourg pour recevoir leurs Excellences les membres du Directoire exécutif et le secrétaire-général, étaient d'une magnificence toute royale. Il fallut faire à diverses pièces, jadis bureaux de réunion de la Chambre des pairs, bureaux de l'administration, couloirs, buvettes, cabinets de lecture, etc., de notables changements, construire des cloisons à lambris dorés, ouvrir des portes, pour les convertir en salons et en salles à manger, etc., etc.

» Le mobilier du chancelier Pasquier et du grand-référendaire Decazes furent trouvés trop mesquins, trop vieux, trop usés, trop *rococo*, c'est le mot. On les relégua au garde-meubles, et on fit venir du Palais National, des Tuileries, de Vincennes, de Saint-Cloud, etc., des bronzes, candélabres, tableaux, tables de jeux, rideaux, tapis, flambeaux, billards, lits, meubles de salon, de salles à manger, ustensiles de cuisine, etc. L'ex-chancelier et l'ex-grand-référendaire n'aimaient pas le billard ; aussi ni le Grand ni le Petit-Luxembourg n'en possédaient.

» Quel ne fut l'étonnement de MM. du Directoire

exécutif! Pas de billard, grand Dieu! dans un palais comme le Luxembourg! Et aussitôt des ordres ont été donnés pour que les appartements de messieurs les cinq rois aient chacun un billard. M. le duc de Montpensier en avait de très-beaux dans ses appartements, à Vincennes; ils ont été transportés immédiatement au Luxembourg; un dans les appartements de M. Ledru-Rollin, et l'autre, dit-on, chez M. Pagnerre. Les beaux meubles du duc de Montpensier ont suivi la même destination.

» S. Exc. M. Marie habitait le rez-de-chaussée de l'ouest, de plain-pied avec le jardin, jadis réservé, de l'ex-chancelier et de l'ex-grand-référendaire, réservé aujourd'hui à la famille de M. Marie. C'est une résidence vraiment princière. Ce vaste rez-de-chaussée, qui s'étend du bas du grand escalier d'honneur à la façade sud, contient 14 à 15 pièces et deux magnifiques salons, que M. Marie a trouvés mesquinement meublés pour un roi républicain, et surtout pauvrement dorés, ainsi que deux belles salles à manger. Le service était le même que celui qui existait au temps du grand-référendaire : même cuisine, même maître-d'hôtel, et probablement aussi mêmes caves pour M. Marie.

» Le rez-de-chaussée de l'est, depuis la nouvelle chapelle jusque y compris la façade du sud, était habité par la famille de sa Contre-Excellence Pagnerre, et meublé avec tout le confortable que nécessitent les fonctions de secrétaire-général. La salle appelée de Médicis, montrée aux étrangers comme une curiosité, à cause des grandes peintures des grands peintres du siècle de Louis XIV qu'elle renferme, a été convertie en chambre à coucher pour Mme Pagnerre. Cette partie du palais ne renferme pas moins de 12 pièces qu'il a fallu meubler, et qui, sous la royauté, ne l'étaient pas, à l'exception de deux ou trois.

» S. Exc. M. Garnier-Pagès a pris pour logement le premier étage du côté de l'est. M. Garnier-Pagès monte à ses appartements qui sont les plus somptueux, par le grand escalier d'honneur, où passaient jadis les pairs pour se rendre aux séances. Au haut du grand escalier, S. Exc. trouve la salle des Gardes, depuis le salon d'Hercule, puis le salon des Messagers d'Etat, le salon des Conférences, le salon du Silence, et une foule d'autres pièces, anciennement cabinet du chancelier, cabinet du grand-référendaire, salle des imprimés, 4 ou 5 bureaux, salon de lecture, etc.; enfin, une quinzaine de pièces, toutes grandes, bien ornées et portant encore les traces de leur ancienne splendeur. Ce nombre de pièces n'est pourtant pas suffisant; il faut à la famille de M. Garnier-Pagès 14 chambres à coucher. On a trouvé à l'étage supérieur des pièces supplémentaires. Les cuisines sont dans les combles du palais, et la salle du Silence est devenue la salle à manger. Toutes ces pièces sont meublées somptueusement.

» De l'autre côté du palais, au premier, du côté de l'est, demeure S. Exc. M. Ledru-Rollin. Les salons des journaux et des revues, les bibliothèques supplémentaires, les bureaux où se trouvent peintes les vues de Rome et de ses environs en l'honneur du fils de Napoléon, les buvettes, les salles de rafraîchissements, etc., ont été disposés pour M. Ledru-Rollin avec un luxe princier. Rien ne manque dans les soins qu'on a pris d'orner ces diverses pièces. M. Ledru-Rollin arrive dans ses appartements par le grand escalier à gauche dans la cour , anciennement escalier d'honneur, et par où entraient les sénateurs. Les appartements de S. Exc. sont de plain-pied avec la galerie des tableaux. Sa famille et ses amis pourront, quand ils le jugeront à propos, aller se promener dans cette galerie, comme jadis Louis-Philippe ou

Charles X pouvaient, sans sortir des Tuileries, se promener dans le Musée du Louvre.

» Le Petit-Luxembourg est destiné à M. Arago.

» Un autre a choisi les appartements de l'ex-chancelier. C'est un appartement princier ; rien n'y manque : beau salon, belle salle à manger, grandes cuisines, riche bibliothèque, cabinet de travail, escalier dans le jardin réservé, meubles assez beaux, etc. Il s'est, dit-on, rappelé que Bonaparte a habité le Petit-Luxembourg ; et comme le poète s'est cru un Talleyrand quand il s'est vu aux affaires étrangères, il va se croire un Bonaparte au Petit-Luxembourg.

» S. Exc. M. Arago prit les appartements du rez-de-chaussée à gauche, donnant sur le jardin. Ils sont connus dans le palais sous le nom d'appartements de Mme la baronne Pasquier, et n'offrent rien de remarquable. Du reste, on voit moins de faste chez l'astronome que chez les rois, ses collègues.

» Tels sont les logements plus qu'aristocratiques des pentarques d'une République qu'exploitent largement ceux qui l'ont décrétée.

« Et voilà des républicains ! O Barras ! les nouveaux hôtes du Luxembourg volaient tes lauriers ! »

P. S. « M. Flocon, ministre de l'agriculture et du commerce, s'était établi à Saint-Cloud, au pavillon de Breteuil, et avait pris possession de l'ancien Petit-Château.

» Il paraît que les voitures du ministère de l'agriculture et du commerce sont bien mal suspendues, car S. Exc. Mme Flocon les a reléguées sous la remise, après s'en être servie une fois. Elle déclare que ce sont de véritables fiacres. Son Excellence a été si horriblement cahotée, elle a les nerfs si délicats, qu'elle ne peut supporter maintenant que les voitures de Mme la duchesse d'Orléans. »

La République dans les carrosses du Roi.

« On est généralement très-disposé à blâmer chez les autres les habitudes du bien-être dont on est privé soi-même ; et voilà pourquoi les gens forcés d'aller à pied crient tant contre ceux qui vont en voiture. Mais vienne un changement de fortune, et les plus austères à cet égard se font traîner sans le moindre souci de leurs précédentes diatribes ; ils ne se font nul scrupule d'éclabousser les piétons.

» ..... On vit en effet les héros de Février, ces républicains aux mœurs si simples et si sévères, en théorie bien entendu, se prélasser sans aucune vergogne sur les moëlleux coussins des voitures du *tyran*.

» ..... Le nombre des voitures affectées au service des membres du gouvernement de la République ou de leurs familles, a été de *quarante et une*, savoir : 1 berline, 1 landau de ville, 17 coupés, 10 calèches, 7 briskas ; 2 coureurs, 2 wursch, 1 char-à-bancs.

» J'en donne plus loin le contrôle nominatif.

» Le nombre des chevaux de selle et d'attelage était de *quatre-vingt-onze*. J'en donne également le contrôle. L'un et l'autre de ces documents sont fidèlement extraits des registres matricules du service des écuries du Roi.

Décomptes individuels. — Carte à payer.

« 1º. Le citoyen Ledru-Rollin, avocat disert, tribun fougueux, mais moins ardent pour l'exécution, avait sous ses remises cinq voitures : *l'Hébé*, coupé bas ; *le Prince*, coupé de cérémonie ; *le Royal*, char-à-bancs de promenade ; *la Marquise*, calèche de ville ; et *le Phénix*, landau de ville et de campagne.

» Il avait de plus vingt-deux chevaux de supplément dans ses écuries : un piqueur pour prendre ses ordres (c'était le nommé Millet, celui-là même qui arrêta l'assassin Lecomte à Fontainebleau, lorsqu'il venait de tirer sur le Roi); dix cochers, aide-cochers et palefreniers !

» Jamais aucun des princes, fils du Roi, n'eut un service aussi considérable.

» Voici quelques-uns des noms des vingt-deux chevaux de supplément :

» *Céladon, Fougueux, Intrépide, Trompeur, Rôdeur,*
» *Obstiné, Envieux, Démon, Orageux, Montagnard,*
» *Hypocrite, Superbe,* etc., etc.

» Le citoyen Ledru-Rollin a joui de ce matériel pendant les soixante-quinze jours de sa puissance.

» Quatre voitures attelées, à 25 fr. l'une, 100 fr. par jour.   7,500

» Dix-huit chevaux de selle et d'attelage harnachés, à 15 fr. l'un, 270 fr. par jour. . . . 20,250

27,750 fr.

» 2º. Au citoyen Armand Marrast on donna le coupé *le Ci-Devant*, attelé de *Pimpant*.

» La somme n'est pas très-forte, d'ailleurs: il s'agit de cent dix-neuf journées à 25 fr., ci.   2,975 fr.

» 3º. Le citoyen Garnier-Pagès, ancien courtier de savons à Marseille, a eu pendant cent dix-neuf jours le coureur *l'Omnibus*, attelé de *Gascon-Marseillais*, qui, à raison de 25 fr. par jour, font. .   2,975 fr.

» 4º. Le citoyen François Arago s'est servi pendant cent dix-neuf jours du coupé *l'Etoile*, attelé de *l'Eclair-Foudroyant*, à raison de 25 fr. par jour, ci. . . . .   2,975 fr.

» 6º. Le citoyen Flocon avait à sa disposition le coupé le *Paon*, attelé de *Chicard-Intrigant*, et pour le service plus habituel de madame, la calèche la *Duchesse*, attelée de *Calypso-Pomaré*. Je ne compterai que la dépense d'une seule voiture, quoique les garnitures intérieures aient été fortement salies et

endommagées, pour cent dix-neuf jours à 25 fr.,
ci. . . . . 2,975 fr.

» 7°. Le citoyen Isaac Crémieux se servait du briska
le *Cerbère*, attelé de *Judas-Grison*. Ci, pour cent dix-
neuf jours, à raison de 25 fr. . . . . . . 2,975 fr.

» 11°. Le citoyen Carnot s'est servi, pendant cent
vingt-six jours, le coupé le *Désert*, attelé de *Midas-
Pédant*.. Ci, à 25 fr. par jour. . . . . . . 3,150 fr.

» . . . . 14°. Le citoyen Courtais avait à sa disposition quatre chevaux de selle harnachés, savoir :
Soldat, *Béta*, *Don Quichotte*, *Affligée*, lesquels, à
15 fr. par jour, font 60 fr. Ci, pour quatre-vingt-un
jours. . . . . 4,860 fr.

» 15°. Le citoyen Marc Caussidière, ayant joui
jusqu'au 15 mai du briska *le Rustique*, attelé *d'Espion-
Goypeur*, il doit pour quatre-vingt-un jours, à 25 fr.,
ci. . . . . 2,025 fr.

» 16°. Le citoyen Recurt a eu le coupé *l'Ambulant*,
attelé de *Voltigeur-Errant*, pendant deux cent vingt-
trois jours, à 25 fr., ci. . . . . 5,575 fr.

» 17°. Le citoyen Trélat a disposé du coupé *l'Aché-
ron*, attelé de *Fier-Tapageur*. Il doit, à raison de
25 fr. par jour. . . . . 1,100 fr.

» 18°. Le citoyen Duclerc, ministre des finances,
a promené ses rêveries dans la calèche *la Chimère*,
attelée de *Jason-Aventureux*. Il doit pour quarante-
quatre jours. . . . . 1,100 fr.

» . . . . 22°. Le citoyen Dufaure eut la calèche *la
Couleuvre*, attelée de *Indomptable-Capricieux*, pendant
soixante-huit jours, à 25 fr., ci.. . . . . . . 1,700 fr.

» . . . . 26°. Le citoyen Tourret, agronome célèbre,
eut la calèche *la Pomone*, attelée de *Faune-Centaure*.
Ci, pour cent soixante-dix-neuf jours, à 25 fr.   4,475 f.

» . . . . 28°. Le citoyen Clément Thomas, ex-sous-
officier de cuirassiers, célèbre par son mépris pour

la Légion-d'Honneur, dont il n'était pas décoré, eut pour chevaux de main *Hochet-Jaloux*. Ci, à 25 fr. l'un, pour quarante-sept jours. . . . . 1,410 fr.

» 29°. Le citoyen Ducoux, ancien chirurgien sous-aide, préfet de police, s'est servi du briska *le Curieux*, attelé de *Chourineur-Turbulent*. Ci, pour quatre-vingt-cinq jours, à 25 fr. . . . . 2,125 fr.

» 30°. Le citoyen Etienne Arago, ancien directeur du Vaudeville, s'est servi du coupé *le Courrier*, attelé de *Troubadour-Farceur*, pendant deux cent quatre-vingt-dix-huit jours, à 25 fr., ci. . . . . . 7,450 fr.

» 33°. Le citoyen Sobrier, sans avoir d'autres fonctions ostensibles que celles de directeur du journal *la Commune de Paris*, disposait d'un pouvoir occulte très-étendu. Ses estafiers eurent bientôt ruiné seize chevaux de selle.

» Il s'est fait donner le wursch *le Commandant*, attelé de *Léopard-Fosse-aux-Lions*. Il eut de plus les chevaux de selle *Janissaire-Vautour*. Ce matériel lui est resté pendant quatre-vingt-un jours, et il doit, à raison de 25 fr. pour la voiture et de 30 fr. pour les chevaux harnachés, 55 fr. par jour. Ci. . 4,455 fr.

Désintéressement.

« Depuis le 4 septembre, le père de M. Ricard, en retraite depuis 15 ans, qui n'avait jamais été porté pour la croix, a été à l'improviste et à la surprise générale, nommé chevalier de la Légion-d'Honneur.

» Le frère aîné de M. Ricard était contrôleur des contributions directes à la Rochelle ; il est passé subitement inspecteur, contrairement à toutes les règles de l'avancement, alors qu'il n'y avait point droit.

» Son frère cadet était avoué, petit avoué sans

clientèle ; au lendemain du 4 septembre ; il fut nommé procureur de la République à la Rochelle.

» M. Ricard avait de plus un beau-frère percepteur de 4e classe sous l'empire ; il est maintenant percepteur de 1re classe à Bordeaux, et cette perception vaut de quinze à dix-huit mille francs.

» Deux cousins de M. Ricard, — avocats sans cause, — ont été nommés juges à Niort.

» Enfin un oncle de M. Ricard, lieutenant-colonel en retraite, a reçu, pour sa part, une recette particulière. »

Cette liste, très-joli spécimen de favoritisme républicain, prend une opportunité toute spéciale du vote de la Chambre des députés accordant une pension à Mme Ricard, parce que son mari a été quelques semaines ministre.

Nous n'insisterons pas sur ce système de récompense ; nous nous bornerons à faire remarquer qu'il ne convient guère désormais aux républicains de parler des prodigalités des conservateurs ; ils ne contestent plus le principe, et ils l'appliquent de façon à nous prouver qu'il ne faut pas avoir rendu de bien grands services pour avoir droit aux faveurs du budget.

HENRI GUILLAUMOT.

Bologne (Haute-Marne), le 1er février.

Clermont-Fd. imp. FERD. THIBAUD.

LA

GAZETTE FRANÇAISE

REVUE ANTI-RADICALE

Publie chaque Dimanche:

La semaine révolutionnaire. — Une revue des huit derniers jours. — Une causerie scientifique. — Une nouvelle ou un roman. — Des récits de voyages. — Une chronique générale. — Les dates néfastes. — Une gazette littéraire. — Un bulletin agricole, financier et commercial. — Des variétés littéraires. — Des études historiques, etc.

Tous les articles sont d'une irréprochable moralité.

DU MÊME AUTEUR:

LES

BIENFAITS DE LA MARIANNE

(2ᵐᵉ édition).

Prix : 25 centimes.

LES RENÉGATS DE LA BANDE ROUGE

(4ᵐᵉ édition);

Prix : 25 centimes.

LA SOBRIÉTÉ DES PURS

ou

LES NOUVEAUX SPARTIATES

Prix : 25 centimes.

Clermont, typ. Ferd. Thibaud.

www.ingramcontent.com/pod-product-compliance
Lightning Source LLC
Chambersburg PA
CBHW051629060726
47597CB00004B/1505